Partei
des Demokratischen
Sozialismus

Programm und Statut

Partei
des Demokratischen
Sozialismus

PDS

PROGRAMM
und
STATUT

Dietz Verlag Berlin

Programm und Statut der PDS
wurden auf dem Wahlparteitag
am 25. Februar 1990 angenommen.

ISBN 3-320-01596-6

Lizenznummer 1 · LSV 0296
Umschlag: Sepp Zeisz
Printed in the German Democratic Republic
Gesamtherstellung:
DRUCKZENTRUM BERLIN · Grafischer Großbetrieb
Best.-Nr.: 738 863 9
DDR 2,00 M

Inhalt

Programm der Partei des Demokratischen Sozialismus 7

I. Wer wir sind, und was wir wollen **9**
Die Partei des Demokratischen Sozialismus – sozialistische Partei auf deutschem Boden **9**
Unsere Werte **13**
Unsere Ziele **14**

II. Wege des Fortschritts in unserer Gesellschsft **16**
Marktwirtschaft und soziale Ideale **16**
Produktionsdemokratie als Gegengewicht **18**
Eine menschenwürdige Arbeitswelt und Arbeit für alle **19**
Für eine lebenswerte Umwelt **20**
Den Bauern eine sichere Perspektive **22**
Für die Entwicklung von Handwerk und Gewerbe **23**
Eine Gesellschaft der Solidarität und Toleranz **24**
Rechtsstaatlichkeit und Gewaltenteilung **28**
Kultur für alle, Bildung für jeden. Wissenschaften, die Entwicklungsvarianten vorschlagen. Förderung von Gesundheit und Sport **30**

III. Europa und die Deutschen in einer sich erneuernden Welt **36**
Ein gutes Ganzes aus stabilen Teilen **37**
Wandeln müssen sich beide Staaten **38**
Eine Welt ohne Krieg und Gewalt ist keine Utopie **42**
Unsere Vision als Bestandteil des Menschheitsfortschritts **44**

Statut der Partei des Demokratischen Sozialismus 46

I. Die Mitgliedschaft in der Partei **48**

II. Der Parteiaufbau **51**
Die Basisorganisationen **51**
Die Kreis- und Bezirks-/Landesorganisationen **53**
Die höchsten Organe der Partei **55**

III. Die/der Ehrenvorsitzende der Partei **61**

IV. Parteimitglieder in Volksvertretungen **62**

V. Das Eigentum, die materiellen und finanziellen Mittel der Partei **63**

Programm der Partei des Demokratischen Sozialismus

Angenommen auf dem Wahlparteitag der PDS am 25. Februar 1990

In einer Zeit, die voller Hoffnungen und Befürchtungen ist, legt die Partei des Demokratischen Sozialismus dieses Programm vor. Es markiert unsere Positionen und Zielvorstellungen in den stürmischen Prozessen unserer Zeit.

Die Menschheit steht an der Schwelle zum dritten Jahrtausend. Wie wird sie diese Schwelle überschreiten – werden Frieden und Wohlstand oder Zwietracht und Elend überwiegen?

Noch niemals in der Geschichte zuvor haben die Menschen einerseits so viele Güter produziert und sie andererseits so ungerecht verteilt. Noch nie haben sie einen höheren Berg Vernichtungsmittel angehäuft, mit dem die menschliche Zivilisation ausgelöscht werden kann.

Es ist eine Zeit ungeahnter Chancen und unkalkulierbarer Risiken. Eine Zeit des Umbruchs, der Neubestimmung von Werten und Wegen.

Unsere Welt braucht eine neue Art von Fortschritt

zur Bewältigung globaler Probleme, die auch immer unsere eigenen sind. Es geht um

- sozial und ökologisch verträgliche Entwicklung statt rücksichtsloser Jagd nach dem technisch Machbaren;
- eine solidarische Wirtschaftsordnung statt Wachstum zum Nutzen der einen und zum Schaden der anderen;
- vorausschauendes und also auch planend beherrschtes Wachstum statt nachträglicher Reparatur blindlings verursachter Schäden;
- die Schaffung einer dauerhaften Friedensordnung und den kulturvollen Umgang aller Interessengruppen miteinander statt andauernder Kriegsgefahr, Androhung atomarer Gewalt und militärischer Konfliktlösung.

In dieser Zeit wurde durch den administrativ-zentralistischen Sozialismus eine der größten humanistischen Ideen der Menschheitsgeschichte, die Idee des Sozialismus, in den Schmutz gezogen. Der Begriff des Sozialismus ist diskreditiert. Wer ihm anhängt, kommt in den Verdacht, stalinistische Zeiten zurückzuwünschen. So sehr wir das verstehen, es bleibt doch auch Tatsache, daß die sozialistische Ursprungsidee nichts von ihrer Aktualität eingebüßt hat.

Der Kapitalismus ist wirtschaftlich effizient, und er hat die Weltzivilisation bereichert. Aber er erweist sich als unfähig, den globalen Interessen der Menschheit zur Sicherung des Friedens, zur Abrüstung und zur Schaffung eines ausgewogenen Verhältnisses zur Natur zu entsprechen sowie soziale Gerechtigkeit zu gewährleisten. Die starken kapitalistischen Industriestaaten sichern sich ihren Reichtum zu einem nicht unbedeutenden Teil auf Kosten der Völker in den Entwicklungsländern. Sie wehren sich gegen die Schaffung einer gerechten Weltwirtschaftsordnung.

Der Sozialismus als Ausdruck uralter Menschheitsideale – soziale Gerechtigkeit, Solidarität, Freiheit für die Unterdrückten, Hilfe für die Schwachen – ist unvergänglich, mögen ihn seine Gegner auch hundertmal totsagen. Das Angebot an die Menschen, menschlicher und solidarischer miteinander umzugehen, ist aktueller denn je für den Weg in eine gesicherte Zukunft.

I.
Wer wir sind, und was wir wollen

Die Partei des Demokratischen Sozialismus – sozialistische Partei auf deutschem Boden

Das Volk hat in unserem Land einen tiefen Umbruch eingeleitet. Die obrigkeitsstaatlichen administrativen Strukturen in der DDR wurden gebrochen. Damit eröffnete die Volksbewegung die Chance für einen demokratischen Neubeginn. Wir wollen uns beteiligen am Erhalt und Ausbau der neugewonnenen demokratischen Errungenschaften.

Die Partei des Demokratischen Sozialismus ist für die Einheit Deutschlands in einem Verbund freier und gleichberechtigter Völker und Nationen Europas. Bedingung für diese Perspektive ist, daß sich beide deutsche Staaten wandeln, die von ihren Bürgern getragenen Werte nicht aufgeben und Eigenständiges einbringen können. Die PDS steht für die Bewahrung

- einer dem Frieden, dem Antifaschismus und der Solidarität bewußt verpflichteten Haltung im Volke;
- eines beachtlichen Niveaus der Kultur zwischenmenschlicher Beziehungen, die wärmer und solidarischer sind als die einer Ellenbogengesellschaft;
- sozialer Sicherung, die auch das Recht auf Arbeit und durch einen großen gesellschaftlichen Wohnungsfonds gesichertes Wohnen einschließt;
- der bisher verfassungsmäßig garantierten Rechte der Frauen;
- mit der Volksbewegung entstandener neuer Formen basisdemokratischer Einflußnahme und der verfassungsmäßigen Garantie des Volksentscheids;
- eines hohen Grades persönlicher Sicherheit durch Kriminalitätsvorbeugung und -bekämpfung;
- eines hohen Versorgungsgrades mit Plätzen in Kindergärten und Kinderkrippen, einer vom sozialen Besitzstand unabhängigen Bildung;
- der Unmöglichkeit der Spekulation mit Grund und Boden;
- der Ergebnisse der Bodenreform und entwicklungsfä-

higer landwirtschaftlicher Produktionsgenossenschaften.

Die PDS ist als sozialistische Partei offen für alle Kräfte des Volkes, die sich für eine Gesellschaft der sozialen Gerechtigkeit und solidarischer menschlicher Beziehungen einsetzen. Sie orientiert sich besonders an den Interessen der Arbeiterinnen und Arbeiter und aller Werktätigen. Sie strebt kein Monopol der Macht an. Geistige Intoleranz, Unfehlbarkeitsglauben, Missionarismus und politisches Sektierertum sind ihr fremd. Ein Wahrheitsmonopol gibt es für uns nicht.

Ihr politisches Selbstverständnis schöpft die Partei aus den Strömungen der deutschen und internationalen Arbeiterbewegung, aus den revolutionären und demokratischen Traditionen des deutschen Volkes und aus dem Antifaschismus. Die PDS ist sich vieler Berührungen zu pazifistischen und religiös begründeten humanistischen Standpunkten bewußt und nimmt sie in sich auf.

Wir schöpfen aus der Geschichte des humanistischen Denkens, insbesondere aus den dialektischen und materialistischen Auffassungen von Karl Marx und Friedrich Engels, Wilhelm Liebknecht und August Bebel, Eduard Bernstein und Karl Kautsky, Rosa Luxemburg und Karl Liebknecht, W. I. Lenin und Antonio Gramsci und ihrer nachfolgenden vielfältigen Weiterentwicklung. Die Partei nimmt all diese Ideen kritisch in sich auf.

Für die Bewältigung von Gegenwart und Zukunft bedarf es des ganzen Reichtums modernen, progressiven gesellschaftstheoretischen Denkens unserer Zeit.

Die Mitgliedschaft in der Partei ist aber nicht an ein bestimmtes weltanschauliches Bekenntnis gebunden. Die Partei gewinnt ihre Einheit aus der Gemeinsamkeit der politischen Ziele ihrer Mitglieder und dem toleranten Umgang untereinander. Die Formulierung ihrer Ziele schließt den Wettstreit der Ideen der Mitglieder, von Plattformen und innerparteilichen Strömungen ein. Demokratische Strukturen sichern, daß die Partei eine handlungsfähige Partei ihrer Mitglieder ist, und gewährleisten demokratische Willensbildung von unten nach oben. Handlungsgrundlage sind mehrheitlich gefaßte Beschlüsse. Minderheiten haben das Recht, ihren Standpunkt öffentlich zu vertreten und erneut zur Entscheidung zu stellen.

Die Partei strebt Übereinstimmung und gemeinsames Handeln mit anderen Parteien und demokratischen Bewegungen zur Lösung von Lebensfragen der Menschen an. Sie tritt für ein partnerschaftliches Verhältnis zur Sozialdemokratie ein. Als deutsche sozialistische Partei ist sie Teil der breiten internationalen demokratischen und linken Bewegungen, die für Frieden, Demokratie und sozialen Fortschritt eintreten. Sie will mit allen Kräften zusammenwirken, die sich für eine humanistische Lösung der globalen Probleme unserer Zeit einsetzen.

Unsere Werte

Werte, denen unsere Partei verpflichtet ist, sind:

1. **Individualität.** Sie schließt die freie Entwicklung des Denkens und Fühlens, der Fähigkeiten und Talente jedes Menschen, die Verwirklichung individueller Bestrebungen und Neigungen, die Gestaltung reicher sozialer Beziehungen zu anderen Menschen, Selbständigkeit im Urteilen und Handeln des einzelnen ein.

2. **Solidarität.** Wir wollen Solidarität zwischen den arbeitenden Menschen, den Generationen, den Geschlechtern, den Völkern, den Nationen und Nationalitäten entwickeln und ausprägen.

3. **Gerechtigkeit.** Jeder Mensch, jede soziale und nationale Gruppe, jede demokratische politische Kraft soll die gleichen Chancen und die gleichen Rechte haben, ihre Interessen in die Gesellschaft einzubringen.

4. **Sinnerfüllte Arbeit und Freizeit.** Das setzt die effektive Gestaltung der Arbeitsbedingungen, schrittweise Verringerung und flexible Gestaltung der Arbeitszeit im Interesse der Arbeitenden und persönlichkeitsfördernde Arbeitsinhalte voraus. Es muß die Möglichkeit erweitert werden, die freie Zeit nach eigenen Vorstellungen schöpferisch zu gestalten und dabei die für das Wohlbefinden und die Entwicklung des Menschen notwendige Muße, Entspannung und Anregung zu finden.

5. **Freiheit, Demokratie und Menschenrechte.** Die Respektierung der Würde und Freiheit jedes einzelnen Menschen ist unabdingbar für gesellschaftliches Zusam-

menleben in Demokratie. Die Menschenrechte in ihrer Einheit und Universalität sind für uns entscheidender Maßstab für gesellschaftliches Handeln.

6. **Bewahrung der natürlichen Lebensgrundlagen.** Davon hängt die Existenz jedes Menschen ab. Deshalb müssen Ökonomie und Ökologie sowohl im gesamtgesellschaftlichen Reproduktionsprozeß als auch international auf neue Weise miteinander verbunden werden. Wertvorstellungen, Bedürfnisse und Lebensstil müssen sich an einer gesunden und schönen Umwelt orientieren, um sie auch für nachfolgende Generationen zu erhalten.

7. **Innerer und äußerer Frieden.** Eine politische Kultur des Zusammenlebens der Menschen, die durch Gewaltlosigkeit, Toleranz, gegenseitigen Respekt der sozialen Gruppen, der Geschlechter, Generationen und Nationalitäten, durch Dialog und schöpferischen Meinungsstreit, Friedensliebe, Humanismus, Antifaschismus, Völkerfreundschaft und Achtung anderer Kulturen geprägt ist, ist für die Sicherung des Friedens im Inneren unserer Gesellschaft und zwischen den Völkern unerläßlich.

Unsere Ziele

Wir verfolgen eine linke, sozialistische Politik und treten ein für

– Freiräume zur Entfaltung eines jeden;
– einen modernen Rechtsstaat, in dem die individuel-

len und politischen ebenso wie die sozialen, kulturellen und kollektiven Menschenrechte verwirklicht werden;

- eine Marktwirtschaft mit einem hohen Maß an sozialer und ökologischer Sicherheit, Chancengleichheit und persönlicher Freiheit für alle Mitglieder der Gesellschaft;
- eine tatsächliche gesellschaftliche Gleichstellung der Geschlechter und eine neue Kultur ihres Zusammenlebens;
- eine Gesellschaft, die Kindern, älteren Bürgern, Behinderten, grundsätzlich allen Schwachen gesellschaftliche Wärme, Schutz und Hilfe zuteil werden läßt;
- bürgerfreundliche Strukturen und selbstbestimmte Entwicklung der Kommunen;
- vielfältige politische, berufliche und kulturelle Entfaltungsmöglichkeiten der Jugend;
- eine Kulturgesellschaft, in der sich das Individuum entfalten kann, in der sich Wissenschaft, Bildung, Kultur und Sport frei entwickeln und dem ganzen Volk zugänglich sind;
- Frieden, allgemeine und vollständige Abrüstung, Weltoffenheit, Freundschaft und Solidarität mit allen Völkern, für eine gerechte Weltwirtschaftsordnung und für die Respektierung des Selbstbestimmungsrechts jedes Volkes.

In Verwirklichung dieser Ziele streben wir gemeinsam mit anderen linken und demokratischen Kräften einen demokratischen Sozialismus an.

Demokratischer Sozialismus, das heißt für uns Eintreten für eine friedliche, humane und solidarische Gesellschaft, in der sich jeder Mensch in Gemeinschaft mit anderen frei entfalten und gleichberechtigt am wirtschaftlichen, politischen und geistig-kulturellen Leben teilnehmen kann.

Demokratischer Sozialismus ist für uns nichts Abgeschlossenes, kein Gesellschaftssystem, das wir in Kürze auf deutschem Boden haben werden, sondern ein Weg, eine ständige Aufgabe und Herausforderung.

II.
Wege des Fortschritts in unserer Gesellschaft

Marktwirtschaft und soziale Ideale

Die Partei des Demokratischen Sozialismus tritt für eine Marktwirtschaft ein, weil sie einen raschen wissenschaftlich-technischen Fortschritt und eine hohe ökonomische Effektivität ermöglicht. Insofern ist sie das entscheidende Mittel, um hohe Leistungen zu stimulieren und auf effektive Weise Bedürfnisse der Produzenten und Konsumenten zu befriedigen und den wachsenden sozialen Ansprüchen zu genügen. In diesem Sinne ist eine am Gemeinwohl der Gesellschaft und an dem Wohl jedes einzelnen orientierte Marktwirtschaft kein Widerspruch zu sozialistischen Wertvorstellungen. Das muß eine Marktwirtschaft sein mit ausgeprägter sozialer und ökologischer Zielstellung, die Leistung stimuliert und belohnt und wirtschaftliche Initiative in jeder Weise fördert. Die Regulierung durch den Markt muß im Interesse des Gemeinwohls unserer Gesellschaft und zukünftiger Generationen durch strategische Wirtschaftssteuerung des Staates ergänzt werden, wobei der Gesamtprozeß der demokratischen Kontrolle der Öffentlichkeit unterliegen muß.

Als Partei, die sich der sozialen Sicherheit und besonders den Interessen der Werktätigen verpflichtet fühlt, sind wir für ein marktwirtschaftliches Konzept,

- das die Ergebnisse jahrzehntelanger Arbeit unseres Volkes nicht preisgibt und in dem auch das gesellschaftliche Eigentum einen gewichtigen Platz hat;
- das vielfältige Formen des Eigentums an den Produktionsmitteln entfaltet, ihnen gleiche Wettbewerbschancen einräumt;
- das jedem die Chance bietet, sein Lebensniveau sowie seine berufliche und soziale Position durch Leistung selbst zu bestimmen;
- in dem das verfassungsmäßige Recht auf Arbeit gewährleistet wird;
- das einer umweltschonenden Produktions- und Lebensweise verpflichtet ist und einen ökologischen Umbau der Gesellschaft zum Ziel hat.

Wir treten dafür ein, daß das gegenwärtige staatliche Eigentum durch die reale Verfügung der Produzenten über die Mittel und Ergebnisse der Produktion zu wirklichem Volkseigentum wird.

Die Beschäftigten sollen durch Gewinnbeteiligung und andere Formen an den wirtschaftlichen Ergebnissen der Betriebe interessiert werden.

Die Partei tritt ein für die weltwirtschaftliche Öffnung der DDR-Volkswirtschaft und für Gleichberechtigung in der internationalen Wirtschaftskooperation. Wir bekennen uns zu einem gesamteuropäischen Wirtschaftsraum, zur grundlegenden Erneuerung und Demokratisierung im RGW.

Produktionsdemokratie als Gegengewicht

Die demokratische Gestaltung der Marktwirtschaft verlangt die eigene soziale und ökonomische Interessenvertretung der Werktätigen durch freie, unabhängige, starke Gewerkschaften, die ihre Basis in Betrieben und Unternehmen aller Eigentumsformen haben. Umfassende Demokratisierung der Gesellschaft erfordert tatsächliche Produktionsdemokratie.

Die Partei tritt dafür ein, daß in freier und demokratischer Entscheidung Betriebs-, Wirtschafts- und Sozialräte gewählt werden. Sie befürwortet die Bildung von demokratischen Vertretungskörperschaften in Betrieben mit ausländischer Kapitalbeteiligung. Diese gesellschaftlichen Aufsichtsräte sollten sich aus gewählten

Vertretern der Werktätigen, Leitern, Kapitalgebern, Vertretern des Territoriums und aus Experten zusammensetzen und den Einfluß der Beschäftigten auf strategische Entscheidungen sichern.

In allen Fragen der Sozialpolitik müssen die Werktätigen, die Bürgerinnen und Bürger unseres Landes real mitbestimmen können.

Unter marktwirtschaftlichen Bedingungen ist das Netz der rechtlichen und sozialen Sicherungen auszubauen. Dabei soll auch den Rentnern sowie jenen Menschen eine gesicherte materielle Existenz und ein sinnerfülltes Leben ermöglicht werden, die durch Alter, körperliche oder geistige Behinderung oder besondere soziale Umstände weniger leistungsfähig sind.

Eine menschenwürdige Arbeitswelt und Arbeit für alle

Wir wollen eine menschenwürdige Arbeitswelt und Arbeit für alle. Den im Zuge von Strukturveränderungen auftretenden Problemen muß durch gesellschaftlich getragene Umschulungsprogramme für die Werktätigen und soziale Sicherungen für den Übergang in neue Arbeitsverhältnisse begegnet werden. Wir fordern Sozialprogramme für Rationalisierung und volkswirtschaftlichen Strukturwandel.

Wir brauchen eine klare Strukturpolitik für die Volkswirtschaft, kräftige Impulse in Richtung eines modernen Dienstleistungssektors sowie eine leistungsfähige Infrastruktur. Wir setzen uns für einen Strukturwandel ein, der volkswirtschaftliche Bereiche mit guten Traditionen und Weltmarktfähigkeit favorisiert, der die Zukunftstechnologien vernünftig einordnet, für dynamisches Gleichgewicht in der Volkswirtschaft sorgt und vordringlich in der Kultur, dem Gesundheits- und Sozialwesen sowie in den Bereichen der Infrastruktur die angestaute Überalterung abbaut.

Einer neuen Energiepolitik kommt beim notwendigen Strukturwandel und ökologischen Umbau der Gesellschaft eine Schlüsselfunktion zu. Notwendig sind eine kräftige Senkung des Energieverbrauchs und ein deutlich verringerter Einsatz von Braunkohle in der Wirtschaft und in den Haushalten. Wir setzen uns für einen radikalen, ökonomisch stimulierten energetischen Sparkurs ein, der in einem hohen Maße auf grundlegenden technologischen Neuerungen beruht und eine schrittweise Abkehr von energieintensiven Produktions- und Verbrauchsstrukturen einschließt. Über die weitere Perspektive der Kernenergie in unserem Land muß ein gesellschaftlicher Konsens herbeigeführt werden.

Für eine lebenswerte Umwelt

Verantwortung für die Umwelt und ökologische Kultur müssen zu einem bestimmenden Merkmal der Politik der PDS werden. Unser Fortschrittsverständnis umfaßt Arbeit und Natur als Quelle des gesellschaftlichen Reichtums und grenzt sich von einem einseitigen Wirtschaften auf Kosten der Natur ab. Umweltqualität verstehen wir als Lebensqualität, deren Ziele und Inhalte allein durch die Bürger in Stadt und Land demokratisch zu bestimmen sind. Wir setzen uns für eine ökologisch orientierte Produktions- und Lebensweise ein. Nur so können Umweltkrise und fortschreitende Zerstörung der natürlichen Lebensgrundlagen in unserem Land gestoppt werden.

Wir sind für eine neue Umweltpolitik, die auf der Grundlage der Verfassung

- jedem Bürger sein Recht auf Leben in einer gesunden Umwelt sichert und vor allem den Kommunen große Befugnisse überträgt;
- Natur und Landschaft, Boden, Wasser und Luft als unveräußerlichen Nationalreichtum behandelt und die Umweltbewahrung zur Pflicht des Staates, der Wirtschaft und der Bürger werden läßt;
- den Verbrauch von Energie und Rohstoffen sowie die Belastung der Umwelt mit Hilfe einer Wirtschafts- und Finanzreform, durch Territorialentwicklung, Erneuerung der Technologie und der Erzeugnisse drastisch reduziert, ohne die soziale Sicherheit der Arbeitenden preiszugeben;
- eine lebenswerte Wohnumwelt schafft, die mehr Grün in die Städte bringt, Wertvolles erhält und attraktive öffentliche Verkehrsmittel, Radwege sowie Fußgängerzonen, Freizeit- und Sportmöglichkeiten bietet;
- den Naturschutz stark ausbaut, neue Schutzgebiete

und Nationalparks vorsieht, die Vielfalt der heimischen Pflanzen- und Tierwelt sicher erhält und landeskulturelle Leistungen ökonomisch anerkennt.

Demokratische Umweltpolitik verlangt die Förderung eines Umweltbewußtseins der Bürger, das auf solidem Wissen über ökologische, ökonomische und gesellschaftliche Zusammenhänge beruht. Umweltbildung und -erziehung gehören nach unserer Meinung in Kindergärten, Schulen, Universitäten und militärische Ausbildungsstätten.

Befähigung zu umweltgerechtem Verhalten und eine ökologische Hausordnung im dichtbesiedelten Europa betrachten wir als Grundvoraussetzung einer solidarischen Gesellschaft und gutnachbarlicher Beziehungen.

Als demokratische Sozialisten reihen wir uns mit Ideen und Taten in dieses gemeinsame Handeln von Parteien, Organisationen und Bürgerbewegungen ein.

Den Bauern eine sichere Perspektive

Unsere Partei setzt sich für eine bedarfsgerechte, effiziente und ökologisch orientierte Agrarproduktion ein. Wir sind vor allem für

- LPG, GPG, VEG und andere Genossenschafts- bzw. Betriebsformen, die sich als juristisch und ökonomisch eigenständige Unternehmen neuen Typs auf dem Markt bewähren müssen, als Existenzgrundlage von Hunderttausenden Genossenschaftsbauern, Landarbeitern und anderen Werktätigen und unterstützen deren Forderung nach wirksamer Interessenvertretung;

- die Unantastbarkeit des Eigentums an Grund und Boden und der Ergebnisse der Bodenreform, für den Grundsatz der Gemeinnützigkeit der Bodennutzung und gegen jegliche Spekulation mit Grund und Boden;
- einen Produktionsmittel- und Futtermittelmarkt sowie Absatzorganisationen, die der demokratischen Kontrolle und Einflußnahme durch die Agrarproduzenten über ihre Verbände unterliegen;
- einen Agrarverbund DDR–BRD, eingebunden in ein Anpassungsprogramm an die europäische Agrarwirtschaft, das die Wettbewerbsfähigkeit der landwirtschaftlichen Unternehmen sichert;
- selbstverwaltete Dörfer, in denen den wachsenden Lebensansprüchen der Bewohner Rechnung getragen und das typisch Dörfliche bewahrt wird.

Für die Entwicklung von Handwerk und Gewerbe

Unsere Partei spricht sich eindeutig für ein starkes Gewicht des privaten Handwerks und Gewerbes, von kleinen und mittelständischen Privatunternehmen in Produktion, im Hotel- und Gaststättenwesen sowie Dienstleistungsbereich aus. Wir setzen uns für die Erhaltung und Förderung der Produktions-, Einkaufs- und Liefergenossenschaften ein. Chancengleichheit, Gewerbefreiheit, ein Steuerrecht, das Initiativen fördert, Überwindung reglementierender Administration sowie Zugang zu Maschinen, Material und anderen Bedingungen sollen das private und genossenschaftliche Gewinninteresse zum Wohle der Verbraucher künftig begünstigen. Wir treten für die steuerrechtliche Gleichstellung aller Eigentumsformen ein.

Eine Gesellschaft der Solidarität und Toleranz

Wir wollen eine sozial gerechte, eine solidarische Gesellschaft, in der auf der Grundlage vielfältiger Eigentumsformen die verschiedenen sozialen Klassen, Schichten und Gruppen, alle Bürger ihre Interessen frei entfalten und ihre Erfahrungen und Werte in die Gesellschaft einbringen können. Das verlangt:

1. Soziale Sicherheit. Dazu gehören unteilbare, für jedes Individuum gesicherte soziale Garantien in bezug auf Arbeit, Bildung, medizinische Betreuung, Wohnen, Ernährung sowie Schutz vor gewaltsamen sozialen Erschütterungen der Lebenslage. Arbeitslosigkeit, Existenzangst und Armut sind damit ebenso unvereinbar wie Privilegien. Notwendig sind gesellschaftliche Bedingungen, die den Kindern Entfaltungsmöglichkeiten und umfassenden Schutz bieten.

2. Leistungsgerechtigkeit durch differenzierte Verteilung des gesellschaftlichen Reichtums, die den einzelnen anregt, seine Leistungsfähigkeit voll zu entwickeln sowie zum eigenen und gesellschaftlichen Nutzen anzuwenden. Sie muß verbunden sein mit solidarischem Ver-

halten zu allen, die körperlich und geistig benachteiligt sind.

3. Gleiche gesellschaftliche Chancen im Zugang zu Kultur, Bildung und Qualifikation. Der solidarische Ausgleich für ungünstige soziale und natürliche Startbedingungen der Persönlichkeitsentwicklung ist dafür ebenso wichtig wie die gesellschaftliche Förderung von Talenten und Begabungen.

4. Schaffung von Bedingungen für die gesellschaftliche Integration behinderter und sozial schwacher Bürgerinnen und Bürger.

5. Gleichstellung von Frau und Mann in allen gesellschaftlichen Lebensbereichen. Soziale Regelungen, die auf die Vereinbarkeit von Elternschaft, Hausarbeit und Beruf zielen, müssen für beide Partner gelten. Die Überwindung männerdominierender Strukturen und Beziehungen, die Gleichstellung der Geschlechter in attraktiven Berufen und in Leitungen sowie die Verbesserung der Lebenslage älterer Frauen und Alleinerziehender sind besonders dringende Gebote sozialer Gerechtigkeit. Das verfassungsmäßige Recht auf Arbeit muß besonders Frauen schützen. Gleicher Lohn ist für gleiche Arbeit zu zahlen.

6. Anerkennung und Schaffung von gesellschaftlichen Bedingungen für die selbstbestimmte Verwirklichung der Grundrechte der Jugend auf politische Mitbestimmung, auf Arbeit, Bildung, Freizeit, Erholung und Reisen, auf ein Leben in Frieden und gesunder

Umwelt und auf Förderung ihrer Individualität. Wir fordern eine staatliche Jugendpolitik, die die Jugend ohne Bevormundung unterstützt und die materiellen und finanziellen Voraussetzungen für ihre Entfaltung sichert. Wir sind für Generationsbeziehungen gegenseitiger Akzeptanz, Toleranz und Solidarität.

7. Sicherung guter Lebensbedingungen und neuer Lebensperspektiven für ältere Bürger. Wir treten dafür ein, daß für ältere Bürger breite Möglichkeiten einer sinnvollen Teilnahme am gesellschaftlichen Leben geschaffen werden, daß ihre Lebens- und Arbeitserfahrungen, ihr Rat Achtung finden, Rentner eine gerechte Anerkennung ihrer Lebensleistung erhalten und ihnen damit eine gesicherte materielle Existenz ermöglicht wird.

8. Förderung von Familien und Lebensgemeinschaften. Wir setzen uns für den Schutz und die Entwicklung der Familie ein. Dazu gehören gleichermaßen die Schaffung eines kinder- und elternfreundlichen Klimas, die Aufwertung der Generationsbeziehungen, die Sicherung der familiären Wohnbedürfnisse, gesellschaftliche Dienstleistungen für Familien und die Einführung familienfreundlicher Arbeitszeiten, z. B. durch flexible Arbeitszeitgestaltung. Wir treten für die gesellschaftliche Akzeptanz, rechtliche, soziale und moralische Gleichberechtigung aller Partnerschaftsformen ein und sind für eine Angleichung der Lebensbedingungen von nichtehelichen Lebensgemeinschaften und auf Ehe beruhen-

der Familien sowie die volle Respektierung und gleiche Rechtsbedingungen für gleichgeschlechtliche Lebensgemeinschaften und Partnerschaften.

9. Gleichstellung von homosexuellen Frauen und Männern gegenüber heterosexuellen in allen gesellschaftlichen Lebensbereichen. Schaffung von Bedingungen für die gesellschaftliche Integration und Akzeptanz Homosexueller, als Voraussetzung für ein selbstbewußtes und menschenwürdiges Leben.

10. Schutz und Förderung nationaler, kultureller und religiöser Minderheiten als untrennbarer Bestandteil der Verwirklichung der Menschen- und Bürgerrechte. Wir treten für die umfassende Sicherung der nationalen Existenz des sorbischen Volkes ein und sind für die volle Gewährleistung der Gleichberechtigung der sorbischen Bürger. Die allseitige Förderung des Erhalts der nationalen Identität, der Kultur, der Sprache, der Traditionen und Werte der Sorben sind ein wichtiger Auftrag an Staat und Gesellschaft und gehören zum kulturell-geistigen Reichtum unseres Landes. Wir wollen den jüdischen Bürgern eine sichere Heimstatt geben. Ungehindert sollen sie ihrer Religion nachgehen, ihre Traditionen sowie ihre Kultur pflegen können. Wir sind entschiedene Gegner jeder Form von Antisemitismus.

11. Schutz und Förderung des Wirkens von Kirchen und Religionsgemeinschaften. Volle rechtliche Gleichstellung der Kirchen und Religionsgemeinschaften und Freiheit des Bekenntnisses auf der Grundlage der Tren-

nung von Staat und Kirche. Über die verschiedenen weltanschaulichen Positionen und Traditionen hinweg, streben wir im Geiste von Pluralität und Toleranz mit Kirchen und Gläubigen eine Verantwortungsgemeinschaft für Frieden, soziale Gerechtigkeit und Schutz der natürlichen Umwelt an.

12. Respektvolle und solidarische Beziehungen zu ausländischen Bürgern. Die Zusammenarbeit mit in unserem Land lebenden und arbeitenden ausländischen Bürgern erfordert gegenseitige Achtung, soziale Kooperation und ermöglicht wechselseitige kulturelle Bereicherung. Die Partei grenzt sich eindeutig von Ausländerfeindlichkeit ab. Sie tritt für solche Beziehungen zu den ausländischen Mitbürgern ein, die soziale und kulturelle Diskriminierung und Isolation verhindern und soziale Integration möglich machen.

Rechtsstaatlichkeit und Gewaltenteilung

Demokratie ist für uns grundlegendes Ziel, eigenständiger Wert und unverzichtbare Bedingung zur Gesellschaftsgestaltung. Wir streben nach einer höheren Qualität von Demokratie, in der sich parlamentarische Demokratie mit Wirtschaftsdemokratie sowie kommunaler Selbstverwaltung eng verbinden. Wir sind gegen jeden Überwachungs- und Unterdrückungsstaat und -apparat. Wir wollen dazu beitragen, einen demokratischen Rechtsstaat zu schaffen, der sich auf umfassende gesetzlich geregelte und gerichtlich einklagbare Grundrechte des Bürgers stützt. Dem Bürger muß alles erlaubt sein, was nicht durch Gesetz verboten ist. Dem Staat ist nur erlaubt, was das Gesetz gebietet.

Wir treten ein für:

- Volkssouveränität, umfassende Demokratie und einen modernen Rechtsstaat;
- eine uneingeschränkte Kompetenz der Volksvertretungen als oberste Machtorgane, für allgemeine, freie, gleiche, direkte und geheime Wahlen. Fragen von existentieller Bedeutung für das Volk müssen durch Volksabstimmung entschieden werden. Regierungsmehrheit und Opposition sind Korrelative parlamentarischer Demokratie. Politische Minderheiten müssen ihre Interessen vertreten können;
- die Gewaltenteilung von Gesetzgebung, vollziehender Staatsgewalt und Rechtsprechung. Wir sind für die Anerkennung einer „vierten Gewalt“: Öffentlichkeit und Medien. Öffentlichkeit schließt Durchschaubarkeit aller grundlegenden staatlichen und gesellschaftlichen Entscheidungsprozesse und vielfältige Formen gesellschaftlicher Kontrolle ein;
- einen politischen Pluralismus der Parteien, der Organisationen, Verbände und Bewegungen, für deren garantierten Einfluß auf die staatlichen Entscheidungsprozesse;
- kommunale Selbstverwaltung und Selbstbestimmung in den territorialen Gliederungen als die Grundlage des demokratischen Gemeinwesens;

- eine Verwaltungsreform mit der Wiedereinführung der Länderstrukturen, um eine verstärkte Autonomie, Dezentralisierung und Effektivität sowie die Identifikation der Bürger mit historisch gewachsenen regionalen Gegebenheiten zu erreichen;
- vielfältige Formen demokratischer Willensbildung und demokratischer Mitentscheidung von unten nach oben, die in Wirtschaft, Staat und Gesellschaft die Monopolisierung von Macht verhindern;
- ein verfassungsrechtliches Verbot von Neofaschismus, Rassismus, Antisemitismus, Chauvinismus und Kriegspropaganda;
- Gewaltlosigkeit in der politischen Auseinandersetzung. Das Gewaltmonopol des Staates muß gesetzlich geregelt und demokratisch kontrolliert werden;
- zivilisierten, konstruktiven politischen Streit, der den gesellschaftlichen Fortschritt voranbringen kann. Wir wenden uns gegen eine solche Art von politischem Konkurrenzdenken, die Opponenten ausschaltet;
- die Bewahrung und verfassungsrechtliche Sicherung basisdemokratischer Selbstbestimmung und Bürgerbewegungen.

Kultur für alle, Bildung für jeden
Wissenschaften, die Entwicklungsvarianten vorschlagen
Förderung von Gesundheit und Sport

Die kulturellen Werte, Normen und Zielsetzungen des einzelnen und der ganzen Gesellschaft sollen aus einer neuen Qualität des Lebens und Zusammenlebens der Menschen abgeleitet sein und auf sie hinzielen. In diesem Sinne muß eine Kulturgesellschaft die Balance von Leistungsorientierung, Freiräumen für Entfaltung der Individualität, sozialer Sicherheit und ökologischer Verträglichkeit sichern.

Wir sind für Freiheit und Unabhängigkeit der Kultur und der Künste, der Medien, der Wissenschaft und Bildung. Es darf keinerlei Reglementierungen geben, ausgenommen die Verhinderung von Kriegs- und Rassenhetze, Antisemitismus, Faschismus, Ausländerfeindlichkeit und anderen Angriffen auf die Würde des Menschen. Zu einer modernen Kulturgesellschaft gehört eine politische Kultur des Dialogs und der Bürgerinitiativen, der Toleranz und des kulturvollen Umgangs miteinander.

Im Interesse aller arbeitenden Menschen verlangen wir, die Leistungsfähigkeit und Kreativität der künstlerischen, wissenschaftlichen, technischen, medizinischen und pädagogischen Intelligenz ihrer gesellschaftlichen Bedeutung entsprechend zu fördern.

Das Volk unseres Landes findet Wesentliches seiner Identität in der Kultur der DDR ausgedrückt und lebt zugleich im Bewußtsein der Gesamtheit deutscher Kultur. Es braucht das Erlebnis anderer Kulturen, der europäischen und der Weltkultur. Geschützt und gefördert werden muß die sorbische Kultur. Ausländische Bürger nehmen gleichberechtigt am kulturellen Leben teil und müssen ihre eigene kulturelle Identität entfalten können.

Unsere Kulturpolitik geht vom Lebensprozeß arbeitender Menschen aus. Wir streben an:

- eine Alltagskultur in Arbeit, Freizeit und Wohnweltgestaltung, die eine allseitige Entwicklung, Gesundheit und Wohlbefinden der Menschen sichert und die infrastrukturellen Voraussetzungen dafür schafft;
- die Bewahrung von Natur und Umwelt, ein ökologisches Bewußtsein und die Erhaltung alles historisch Wertvollen;
- eine Kultur, die durch alle getragen wird, durch Mehrheiten und Minderheiten, für unterschiedliche Neigungen und Bedürfnisse;
- die Erhaltung und Förderung eines vielfältigen volkskünstlerischen Schaffens im Interesse der Erhöhung der Lebensqualität der Bürgerinnen und Bürger und ihrer Heimatverbundenheit;
- den Schutz und die Förderung der Künste unter veränderten wirtschaftlichen Bedingungen, einschließlich staatlicher Stützung unabhängig von politischer Orientierung der Kunstschaffenden, die Entfaltung aller Funktionen und Möglichkeiten der Künste, den Schutz und die Erhaltung kulturhistorisch wertvoller Denkmale;
- moderne Medien als unentbehrliche Organe pluralistischer Demokratie und eines vielfältigen Kultur-

und Kunstlebens, die als öffentliche Einrichtungen demokratisch kontrolliert werden;
- die Sicherung der Kulturpflicht in selbständig wirtschaftenden Städten und Gemeinden und die Wahrnehmung von territorial übergreifenden und langfristigen Aufgaben durch die Länder und die zentrale Regierung.

Wissenschaft hat eine fundamentale Funktion in der Kulturentwicklung der Gesellschaft. Wir setzen uns für ein geistiges Klima ein, das die Wissenschaftler zum Vorschlagen von Entwicklungsvarianten herausfordert, da hierdurch sinnvolle Politik erst möglich wird.

Freiheit der Wissenschaft in Forschung und Lehre heißt für uns:
- Unabhängigkeit von parteipolitischen Interessen und staatlicher Bevormundung;
- eine durch Haushaltsfinanzierung staatlich gesicherte Grundausstattung auf hohem Niveau für die Grundlagenforschung und die Lehre ohne thematische Bindung;
- demokratische Selbstverwaltung und leistungsbezogene Entwicklung der akademischen Lehr- und Forschungseinrichtungen;
- öffentliche Diskussion des humanistischen Charakters von Forschungen und vorausschauendes Offenlegen und Werten der Risiken neuer Entwicklungen.

Bildung und Ausbildung haben einen hohen Rang für die Entwicklung jedes Menschen und für die Bewältigung der Zukunft. Bildung begleitet das ganze Leben. Wir wollen:

- ein für die Bürger kostenloses Bildungswesen, das gleiche Bildungschancen für alle und die Voraussetzungen für die differenzierte Entfaltung der Individualität und die Ausbildung der Leistungsfähigkeit jedes einzelnen schafft;
- ein Bildungswesen, das humanistische Werte und eine hohe Allgemeinbildung vermittelt, gute Fremdsprachenkenntnisse und polytechnische Ausbildung sichert;
- einen Bildungs- und Prüfungsprozeß, der auf allen Stufen Selbständigkeit und Kreativität fördert und jegliche Heuchelei und Doppelzüngigkeit ausschließt;
- die gemeinsame Bildung von Jungen und Mädchen und die Integration von ausländischen und behinderten Kindern und Jugendlichen;
- die demokratische Mitsprache der Eltern und Pädagogen, Schüler und Studenten in den Bildungseinrichtungen.

Gesunde Lebensweise des einzelnen, gesellschaftliche Bedingungen dafür und medizinische Betreuung auf hohem Niveau haben in der von uns erstrebten Lebensqualität hohen Rang. Wir wollen daher:

- eine vom sozialen Status und vom Einkommen des einzelnen unabhängige gesundheitliche Betreuung mit Anspruch auf alle notwendigen medizinischen und sozialen Leistungen, finanziert durch den Staat, die Kommunen und ein solidargemeinschaftliches Versicherungswesen;

- eine leistungsfähige Infrastruktur medizinischer und sozialer Betreuungsangebote und einen hohen Stellenwert selbstverantwortlicher ärztlicher Entscheidungskompetenz;
- die Partnerschaft des staatlich finanzierten Gesundheitswesens mit niedergelassenen Ärzten, konfessionellen und anderen Einrichtungen;
- die Aufwertung des sozialen Status der Mitarbeiter des Gesundheits- und Sozialwesens, damit sie ihren humanistischen Auftrag sinnvoll und bürgerfreundlich wahrnehmen können;
- die Ausbildung von Sozialarbeitern und die Schaffung eines Netzes sozialer Betreuung.

Wir treten für einen Sport ein, der an den Interessen der Bürgerinnen und Bürger orientiert ist und in allen Lebensphasen – von der Vorschulausbildung über den Breiten- und Spitzensport bis zum Sport für ältere Menschen und Behinderte – einen festen Platz hat. Vorrang für uns hat die Forderung nach einem attraktiven Angebot des Breitensports. Wir sind für einen Sport, der durch gesellschaftliche und private Initiative gefördert wird, der ohne Prestigedenken sportlichen Talenten die Entwicklung zur Spitze ermöglicht und Sportlern, Trainern und Übungsleitern für ihr Wirken eine gesicherte Perspektive gibt.

III. Europa und die Deutschen in einer sich erneuernden Welt

Unser Ziel ist ein entmilitarisiertes vereinigtes Europa der nationalen, sozialen, kulturellen und regionalen Vielfalt. Wollen wir die Stabilität auf dem Kontinent, seine friedliche und kooperative Perspektive, die Interessen der europäischen und außereuropäischen Völker und Staaten und die nationalen Interessen der Deutschen in beiden Staaten nicht gefährden, so muß die Lösung der deutschen Frage in einem gesamteuropäischen Prozeß erfolgen, diesen fördern und ihm nicht Hemmnisse entgegenstellen.

Die PDS ist für die friedliche und demokratische Einheit des deutschen Volkes in einem Verbund freier und gleichberechtigter Völker und Nationen Europas. Die künftige staatliche Struktur dieser Einheit soll durch freie Selbstbestimmung der Deutschen und gleichberechtigte Verhandlungen beider deutschen Staaten unter Wahrung der Rechte und Verantwortlichkeiten der vier Mächte, des Anspruchs der Nachbarn Deutschlands, besonders Polens und der Tschechoslowakei auf sichere Grenzen und im Zusammenhang mit der europäischen Einigung entschieden werden.

Die tiefen sozialökonomischen und gesellschaftlichen Unterschiede stellen auf beiden Seiten unterschiedliche Anforderungen an die Politik des Zusammenwachsens, an die Einführung des Währungs-, Wirtschafts- und Sozialverbundes und an die Rechtsangleichung. Diese Unterschiedlichkeit verlangt, daß jeder Staat seine eigene Souveränität aktiv vertritt, damit die Werte beider Seiten in die neue Gemeinschaft Eingang finden können. Jedes Hochspielen nationaler Emotionen, eigensüchtige nationale Alleingänge der Deutschen oder gar ein neuerlicher deutscher Chauvinismus bergen unkontrollierbare Sicherheitsrisiken nicht nur für unser Volk, sondern für alle Völker Europas und der Welt in sich.

Ein gutes Ganzes aus stabilen Teilen

Ein gutes Ganzes fügt sich aus stabilen Teilen. Stabilisierung der Verhältnisse in der DDR und damit auch Bewahrung der Bevölkerung der BRD vor den Folgen einer Destabilisierung im Osten ist notwendige Bedingung für eine künftige deutsche Einheit. Die PDS tritt für eine gefestigte DDR ein, weil nur dadurch in eine künftige Einheit Deutschlands eingebracht werden kann, was mehr Sicherheit, Demokratie und sozialen Fortschritt in Europa fördert.

Wichtige Ebenen des Zusammenwachsens beider deutschen Staaten sind:

– die Verflechtung der beiden Volkswirtschaften zu einer Wirtschaftsunion, die untrennbar mit der raschen Herausbildung einer Währungsunion verbunden sein muß;
– die Entwicklung einer Sozialunion, das heißt eine gegenseitige Abstimmung und Angleichung der Sozial-

politik beider Staaten, die gegen die soziale Ausgrenzung von Teilen der Bevölkerung und auf den sozialen Schutz der DDR-Bürger beim Übergang zu marktwirtschaftlichen Prinzipien sowie auf eine verantwortungsvolle Handhabung der sozialen Netze gerichtet sein muß;

- der Übergang zu einer Sicherheitspartnerschaft: als Beitrag zu kollektiver Sicherheit in Europa durch Reduzierung von NVA und Bundeswehr, durch Abkehr von militärischer Gegnerschaft und die Entwicklung kooperativer Beziehungen zwischen beiden Armeen, durch Abschaffung der Wehrpflicht, durch die Streichung von Militärausgaben zugunsten gemeinsamer ziviler Projekte, durch Verzicht auf Waffenmodernisierung und die Herstellung von beiderseitiger Nichtangriffsfähigkeit in Zentraleuropa. Ziel bleibt die Schaffung eines neuen Sicherheitssystems in Europa, welches die vollständige Entmilitarisierung beider deutschen Staaten einschließt.

Wandeln müssen sich beide Staaten

In der DDR muß der Bruch mit dem administrativ-zentralistischen Sozialismustyp bis zu Ende geführt werden: zu einer tatsächlichen Demokratie der Bürger, zu einer neuen humanistischen Moral, zu einer Marktwirtschaft, die den sozialen und ökologischen Interessen der Bevölkerung verpflichtet ist und nicht erst durch ein Tal der Verarmung vieler Menschen führt.

Die Bundesrepublik kann ihr gegenwärtiges politisches und parlamentarisches System der DDR nicht einfach aufzwingen. Starke Militär-Industrie-Komplexe, ein Leben auf Kosten der Völker in Entwicklungsländern, soziale Ausgrenzung beachtlicher Bevölkerungsteile, Arbeitslosigkeit, Zurückweichen vor Rechtsradikalismus, Nationalismus und nationale Intoleranz, Nichtanerkennung der Oder und Neiße als Polens Westgrenze sind der Einheit der deutschen Nation, dem friedlichen Zusammenleben mit den Nachbarn in einem gemeinsamen Haus Europa abträglich.

Der Weg zur deutschen Einheit ist als Teil der Entwicklung Europas zu einem entmilitarisierten, friedlichen, demokratischen und sozialen Europa zu gestalten, das für die Lösung der globalen Probleme einen bislang nicht gekannten Beitrag leistet. Wir halten es für notwendig und richtig, daß beide Staaten beim Zusammenwachsen ihre Vorzüge bewahren. Jahrzehntelang erarbeitetes Eigentum der Bürger der DDR und ihnen übertragene Nutzungsrechte dürfen nicht angetastet werden. Bei einer Vereinigung der deutschen Staaten müssen für die Bürger der DDR beispielsweise die Bodenreform und ihre Ergebnisse und damit die Rechtsverhältnisse auf dem Lande, die Eigentumsrechte der Kommunen an früher enteigneten Grundstücken und an Wohnungsbesitz anerkannt werden. Unabhängig von früheren Eigentumsverhältnissen soll die Gültigkeit von Nutzungs- und Mietverträgen sowie der bestehenden Eigentumsverhältnisse an Betrieben garantiert werden.

Die Verteidigung sozialer Errungenschaften der Bevölkerung der DDR wird nicht allein durch das kluge Wirken einzelner Politiker möglich sein. Das initiativreiche demokratische Engagement der Bürger unseres Landes, wie das weitere unüberhörbare Auftreten der Arbeiter, Bauern, Künstler und Studenten, Angestellten und Kleinunternehmer, die breite Entfaltung von Betriebsräten, Mieterschutzverbänden, Bauernverbänden usw. bieten die Chance zum Zusammenwirken mit entsprechenden Organisationen in der BRD.

Unsere Partei wirkt dafür, daß ein Aufeinanderzugehen der Deutschen in einem Reformprozeß in Ost und West zu einer demokratischen, sozial gerechten, ökologisch orientierten und solidarischen Gesellschaft auf deutschem Boden und in ganz Europa beiträgt. Das Miteinander der Deutschen soll das friedliche Miteinander aller Europäer in West und Ost fördern.

Wir sind für einen solchen inneren Frieden in beiden deutschen Staaten, für solche gemeinsame Sicherheits- und Umweltpolitik, für solche Art sozialer Verpflichtung der Wirtschaft, daß die ganze deutsche Nation einen achtenswerten Beitrag für eine europäische Entwicklung leistet, wo nicht der Profit, sondern die Wohlfahrt der Menschen das Maß aller Dinge ist.

Die PDS tritt dafür ein, daß die Außenpolitik der DDR auf allen Feldern gesellschaftlicher Entwicklung eine friedensorientierte Vernetzung unserer Gesellschaft mit anderen Gesellschaften statt einer Abschottung des Landes von den internationalen Trends fördert.

Wir setzen uns ein für eine neue Qualität des KSZE-Prozesses und seine umfassende Institutionalisierung als Hauptweg zu einem vereinigten Europa. Von diesem Europa können entscheidende Impulse für eine weltweite, an Menschheitsinteressen orientierte neue Entwicklungslogik ausgehen.

Die PDS betrachtet es als eine besondere Verpflichtung, als Teil der europäischen Linken zu wirken, zu allen linken Kräften enge Beziehungen zu entwickeln und nicht zuletzt dadurch progressive Entwicklungen in Europa zu fördern.

Die uneingeschränkte Respektierung der Grenzen und der Sicherheitsinteressen der Nachbarländer gehört zu den entscheidenden Eckpunkten nationaler und europapolitischer Orientierungen der PDS.

Beide deutsche Staaten sollten für den Abbau des militärischen und für den Ausbau des politischen Charakters der Bündnissysteme mit dem Ziel ihrer schließlichen Beseitigung und den schrittweisen Rückzug ausländischer Streitkräfte im Rahmen eines gesamteuropäischen Sicherheitssystems eintreten. Wir wollen die Überwindung der Spaltung Europas in Blöcke und eine endgültige Friedensregelung mit den deutschen Staaten.

Wir treten auf wirtschaftlichem, sozialem, politischem, ökologischem und kulturellem Gebiet für eine gesamteuropäische Integration ein, in der gegenseitige Abschottung überwunden und wechselseitige Öffnung und Kooperation gestärkt werden.

Eine Welt ohne Krieg und Gewalt ist keine Utopie

Unsere Partei setzt sich für die Errichtung eines Systems umfassender Sicherheit auf der Grundlage der Charta der Vereinten Nationen ein. Es soll politische, wirtschaftliche, ökologische, humanitäre, militärische und andere Zusammenarbeit umfassen, die zu intensiver Interessenverflechtung zwischen den Staaten und Völkern führen wird. Sie muß gemeinsam mit wirksamen politischen und rechtlichen Instrumentarien der internationalen Gemeinschaft die zuverlässige Grundlage allgemeiner Sicherheit bilden. Das Ziel eines politischen Systems internationaler Sicherheit muß die Überwindung der gegenwärtigen Abschreckungsrealität, der militärischen Bedrohung anderer Völker sowie die Beendigung des nuklearen und konventionellen Wettrüstens sein. Der Krieg muß endlich für immer und überall aus dem Leben aller Völker verbannt werden!

Allgemeine und vollständige Abrüstung ist unser Ziel. Die Hindernisse und der Widerstand gegen dieses Ziel sind groß. Ein realistischer Weg und Zwischenschritte sind erforderlich, die auch für die gegenwärtigen Gegner einer kernwaffenfreien Welt akzeptabel sind.

Als Schritte, die bereits in nächster Zeit gegangen werden müssen, betrachten wir:

- die radikale Reduzierung der strategischen Kernwaffen der UdSSR und der USA bis auf ein vorläufiges Minimum;
- die schrittweise Beseitigung der taktischen Kernwaffen;
- ein universelles, zuverlässig kontrolliertes Verbot der chemischen Waffen;
- den Abbau der Streitkräfte und konventionellen Rüstungen in Europa bis zur gegenseitigen Angriffsunfähigkeit;
- die Verhinderung eines Hochtechnologie-Wettrüstens und gefährlicher Modernisierung von Waffen und Kriegsgerät;
- eine umfassende Vertrauensbildung, zu der auch gemeinsame Anstrengungen zur Friedenserziehung gehören, die alten und neuen Feindbildern abschwört;
- den generellen Ausschluß von Gewaltanwendung in jeglicher Form gegenüber anderen Staaten und Völkern;
- die Einstellung von Waffenexporten in regionale Spannungsgebiete;
- die Reduzierung der Rüstungsausgaben, wobei ein bedeutender Teil der frei werdenden Mittel insbesondere den ärmsten Ländern zur Verfügung zu stellen ist.

Unsere Vision als Bestandteil des Menschheitsfortschritts

Das Bündnis der DDR mit der Sowjetunion betrachten wir als eine entscheidende Bedingung ihrer Existenz- und Entwicklungsfähigkeit und als Faktor der europäischen Stabilität in der gegenwärtigen Umbruchphase. Wir bekräftigen nachdrücklich unsere Solidarität und Unterstützung für eine sozial progressive und demokratische Erneuerung der Gesellschaft in der Sowjetunion und in anderen Ländern. Diesem Ziel dienen die engen und freundschaftlichen Beziehungen zwischen der KPdSU und der PDS.

Wichtige Partner der DDR sehen wir in unseren östlichen Nachbarn. Wir stehen für die Unantastbarkeit ihrer Grenzen ein. Die Partei wirkt für die Demokratisierung des Warschauer Vertrages. Gegenseitiges Vertrauen, Respektierung der Interessen und volle Öffnung für den gesellschaftlichen Austausch sind notwendige Bedingungen für die künftige Zusammenarbeit.

Die Partei übt aktive Solidarität mit den Völkern der dritten Welt, um im gemeinsamen Ringen zur Milderung und schließlichen Überwindung von Hunger, Armut und Umweltzerstörung für eine gerechte Weltwirtschaftsordnung beizutragen. Sie setzt sich für das Recht eines jeden Volkes auf freie Wahl des sozialen und politischen Entwicklungsweges ein.

Mit allen Kräften des demokratischen Sozialismus in Ost und West, Nord und Süd treten wir ein für die Verwirklichung der Ideale von Freiheit, Gleichheit und Brüderlichkeit in einer Gesellschaft sozialer Gerechtigkeit und Solidarität. Dies ist für uns der Kern der Vision vom demokratischen Sozialismus als Bestandteil des Menschheitsfortschritts.

Statut der Partei des Demokratischen Sozialismus

Angenommen auf dem Wahlparteitag der PDS am 25. Februar 1990

Die Partei des Demokratischen Sozialismus (PDS) ist eine sozialistische Partei auf deutschem Boden. Ziel und Inhalt ihres politischen Wirkens ist ein humanistischer demokratischer Sozialismus. Darunter versteht sie die friedliche und menschenwürdige, freie Entwicklung eines jeden als Bedingung für die freie Entwicklung aller im Einklang mit der natürlichen Umwelt, die Selbstverwaltung des Volkes in allen Bereichen des gesellschaftlichen Lebens, die Überwindung der Entfremdung der Produzenten von den Produktionsmitteln, eine Gesellschaft der sozialen Sicherheit, solidarischer menschlicher Beziehungen und hoher Lebensqualität für alle Bürger.

Die PDS ist die politische Heimstatt engagierter demokratischer Sozialisten. Sie ist offen für alle Kräfte des Volkes, die sich für die Verwirklichung der Grundwerte des demokratischen Sozialismus einsetzen. Weltanschauliche Enge ist ihr fremd.

Durch Politikangebote entsprechend ihrem Programm und den Einsatz ihrer Mitglieder will die Partei gemeinsam mit anderen linken und demokratischen Kräften den Menschen dienen und zur Lösung gesellschaftlicher Aufgaben beitragen.

Die Partei steht in der Tradition der progressiven deutschen und internationalen Arbeiterbewegung. Sie ist in der sozialistischen, kommunistischen und sozialdemokratischen Arbeiterbewegung verwurzelt. Sie schöpft aus humanistischem und pazifistischem Gedankengut. Sie ist eine konsequent antifaschistische Partei. Sie stützt sich in ihrer Politik auf moderne Gesellschaftswissenschaften, insbesondere das theoretische Erbe des gesamten marxistischen Denkens.

Entschieden kämpft die Partei gegen jede Form von Nationalismus, Faschismus, Rassismus, Chauvinismus, Ausländerfeindlichkeit, Antisemitismus, Stalinismus und alle Formen der Verletzung der Würde des Menschen.

Die Partei ringt um Sympathisanten und gemeinsam mit ihnen um demokratische Mehrheiten für die Verwirklichung ihrer politischen Ziele.

Die PDS ist ein freiwilliger Zusammenschluß gleichberechtigter Mitglieder. Eine von der Parteibasis ausgehende, im Parteileben zu praktizierende und garantierte Demokratie ist Grundsatz ihres Handelns. Im innerparteilichen Leben gelten Offenheit und Meinungsvielfalt, demokratische Willensbildung, Abstimmung und Kontrolle, gemeinschaftliches Handeln und Solidarität. Die

Partei wendet sich unnachsichtig gegen jegliche Formen totalitärer und monopolistischer Machtstrukturen und den daraus resultierenden bürokratischen Zentralismus und Dogmatismus.

Die internationalistischen Traditionen bewahrend, entwickelt die Partei aktive Beziehungen zu Sozialisten, Kommunisten, Sozialdemokraten und anderen demokratischen Bewegungen in Europa und in der Welt. Internationale Solidarität mit allen um nationale und soziale Befreiung Kämpfenden ist ihr ein unverzichtbares Anliegen.

I.
Die Mitgliedschaft in der Partei

1. Mitglied können DDR-Bürger und Ausländer mit Wohnsitz in der DDR werden, die das 18. Lebensjahr vollendet haben, Programm und Statut anerkennen, keiner anderen Partei angehören und bereit sind, in einer Basisorganisation zu wirken.
2. Die Aufnahme erfolgt individuell durch eine Basisorganisation. Das Mitglied erhält eine Mitgliedskarte.
3. Jedes Mitglied ist berechtigt:
   a) In Mitgliederversammlungen und anderen Parteiveranstaltungen frei zu allen Parteiangelegenheiten seine Meinung zu sagen, Anträge zu stel-

len, Vorschläge zu Beschlüssen, einschließlich zur Wahl und Abwahl von Funktionären und Vorständen, einzubringen;

b) Kritik, auch an Beschlüssen, zu üben und seinen Standpunkt hierzu zu vertreten;

c) eine sorgfältige Behandlung seiner Vorschläge, Hinweise, Kritiken abzufordern sowie Anfragen an jeden Vorstand zu richten. Das beinhaltet das Recht auf eine umfassende wahrheitsgemäße Information über alle Parteiangelegenheiten durch die Vorstände;

d) zum Zwecke der innerparteilichen Meinungsbildung sich mit Mitgliedern anderer Basisorganisationen zu beraten, Standpunkte, Vorschläge und Anträge zu erarbeiten. Dazu können Plattformen mit solchen organisatorischen Regelungen gebildet werden, die die programmatische Arbeit der Partei und ihre Strukturen unterstützen. Sie sind berechtigt, die Einrichtungen und Arbeitsmittel der Partei zu nutzen;

e) zu wählen und gewählt zu werden;

f) auf Antrag an Sitzungen von ihm direkt gewählter Vorstände teilzunehmen.

4. Das Parteimitglied bekennt sich zu folgenden Grundsätzen der Parteiarbeit:

a) für eine qualifizierte Entscheidungsfindung und die Verwirklichung der gefaßten Beschlüsse zu wirken;

b) sich politisch zu bilden;
c) sich solidarisch zu verhalten, Andersdenkenden aus der Grundhaltung der Menschenliebe heraus kulturvoll und tolerant zu begegnen;
d) regelmäßig seinen Mitgliedsbeitrag in der Basisorganisation zu entrichten, in der es registriert ist.

5. Für die Vertretung spezifischer Interessen, zum Beispiel von jungen Parteimitgliedern, Genossinnen, Parteiveteranen, Behinderten, in Betrieben artgleicher Eigentumsformen oder Produktionsstrukturen Beschäftigten ebenso wie für Parteimitglieder sorbischer und anderer Nationalität, können innerhalb der Partei Interessengruppen und Arbeitsgemeinschaften mit eigenen Regelungen gebildet werden, die mit Antrags- und Einspruchsrecht ausgestattet sind.

6. a) Die Mitgliedschaft endet durch Tod, Austritt oder Ausschluß.
b) Ein Mitglied kann bei schwerwiegenden Verstößen gegen Programm oder Statut, insbesondere bei Mißbrauch der Funktion, durch die Mitgliederversammlung seiner Basisorganisation mit Zweidrittelmehrheit ausgeschlossen werden. Das Mitglied hat das Recht auf seine Anwesenheit und Stellungnahme, wenn die Mitgliederversammlung dazu verhandelt.
c) Das ausgeschlossene Mitglied kann gegen seinen

Ausschluß bis zu der vom Parteitag gewählten Schiedskommission Einspruch erheben.

d) Die Mitgliederversammlung kann wegen politischer oder gesundheitlicher Erfordernisse sowie bei mehrjährigem Auslandsaufenthalt ohne Möglichkeit des Kontaktes zu einer Basisorganisation eine ruhende Mitgliedschaft für Parteimitglieder entscheiden.

II.
Der Parteiaufbau

Die Basisorganisationen

7. Die Basisorganisationen sind die wichtigsten Organisationseinheiten der Partei. Sie haben das Recht, übereinstimmend mit Programm und Statut, selbständig und frei zu entscheiden und eigenverantwortlich zu handeln.
8. Basisorganisationen werden in Übereinkunft mit dem zuständigen Kreisvorstand gebildet.
   a) Bestimmende Organisationsform der Partei sind die Basisorganisationen in den städtischen Wohngebieten und Gemeinden.
   b) In Betrieben, Unternehmen, Genossenschaften und Einrichtungen können die Parteimitglieder Aktivs bilden und ihre Sprecher wählen.
   c) Parteimitglieder in Einrichtungen und Betrieben

können sich bei vorhandenen Voraussetzungen dort oder in Basisorganisationen, die sie im Territorium bilden, organisieren.

9. Das höchste Organ der Basisorganisation ist die Mitgliederversammlung, die entsprechend ihrer eigenen Festlegung sowie nach Erfordernis, jedoch mindestens einmal in zwei Monaten, durch den Vorstand einberufen wird.
10. Die Mitgliederversammlung wählt in geheimer Abstimmung die/den Vorsitzende/n sowie den Vorstand der Basisorganisation. Beide sind der Mitgliederversammlung rechenschaftspflichtig.
11. Die Basisorganisation entscheidet über ihre Struktur eigenverantwortlich. Bestimmend für alle diesbezüglichen Festlegungen ist, die Verbindung von Vorstand und Mitgliedschaft so eng wie möglich zu gestalten und effektive, überschaubare Bedingungen für ein niveauvolles innerparteiliches Leben und ein lagebezogenes politisches Reagieren zu schaffen.
12. Die Basisorganisation hat das Recht,
    a) zu allen Angelegenheiten ihrer eigenen Arbeit Beschlüsse zu fassen und zu denen der gesamten Partei Vorschläge und Anträge an übergeordnete Parteigremien einzubringen, auf die innerhalb von vier Wochen zu reagieren ist;
    b) entsprechend dem festgelegten Delegiertenschlüssel Genossinnen und Genossen direkt zur

Delegiertenkonferenz übergeordneter Ebenen einschließlich des Parteitages zu entsenden;

c) bei Bedarf eine eigene Schiedskommission zu wählen.

13. Die Basisorganisationen nehmen darauf Einfluß, daß sich ihre Mitglieder politisch bilden sowie ausreichende Informationen als Grundlage ihrer Meinungsbildung, Entscheidung und Mitarbeit erhalten. Sie können allein oder gemeinsam mit anderen Basisorganisationen Bildungszirkel organisieren und deren Thematik eigenverantwortlich festlegen.

14. Auf der Ebene von Gemeinden und Ortsteilen sowie von Städten, die nicht den Status einer Kreisorganisation haben, können auf Gesamtmitgliederversammlungen oder Delegiertenkonferenzen Vorstände und Schiedskommissionen gewählt werden.

Die Kreis- und Bezirks-/Landesorganisationen

15. Die Basisorganisationen eines Kreises bilden eine Kreisorganisation, die Kreisorganisationen eines Bezirkes/Landes die Bezirks-/Landesorganisation.

16. a) Das ständige höchste Organ der Kreis- bzw. Bezirks-/Landesorganisation ist die Kreis- bzw. Bezirks-/Landesdelegiertenkonferenz. Diese ist beschlußfähig, wenn mehr als die Hälfte der gewählten Delegierten anwesend ist.

b) Die Modalitäten zum Delegiertenmandat sowie für die Einberufung der Delegiertenkonferenz und die Festlegung des Delegiertenschlüssels durch den jeweiligen Vorstand regeln sich analog nach den Punkten 23, 25, 27, 29 und 30 dieses Statuts.

17. Die Delegiertenkonferenz wählt in geheimer Wahl die/den Vorsitzende/n, den Vorstand und die Schiedskommission, die ihr rechenschaftspflichtig sind. Die/der Vorsitzende, ihre/seine Stellvertreter, die Leiter/innen der Kommissionen, die/der Fraktionsvorsitzende der Partei und weitere gewählte Mitglieder bilden das Präsidium des Vorstandes. Es berichtet in jeder Sitzung des Vorstandes über seine Tätigkeit.
18. Die Delegiertenkonferenzen und Vorstände vertreten die Partei im demokratischen Leben des Territoriums und entwickeln eigene Konzeptionen und Initiativen zu allen Fragen der Gesellschaft, insbesondere zur Wirtschaftsentwicklung, Sozialpolitik, Kommunalpolitik, zu Fragen der Ökologie und der Kultur.
19. Die Delegiertenkonferenzen und Vorstände haben das Recht, zu allen Angelegenheiten ihrer eigenen Arbeit Beschlüsse zu fassen und zu denen der gesamten Partei Vorschläge und Anträge an übergeordnete Parteigremien einzubringen.
20. Bei den Parteivorständen können Geschäftsstellen und Kommissionen gebildet werden, die vorwiegend aus ehrenamtlichen Mitgliedern bestehen. Spezielle Kommissionen unterstützen die Parteimitglieder bei der Lösung sozialer Probleme und zu Fragen ihrer

beruflichen Entwicklung. Als Stätten des Erfahrungsaustausches, der Unterstützung und Koordinierung der Parteiarbeit können die Kreisvorstände Stützpunkte und Konsultationsstellen im Territorium bilden.

21. Die Vorstände streben nach enger Zusammenarbeit mit allen demokratischen, der Verfassung verpflichteten Kräften.

22. Die Vorstände helfen den Basisorganisationen im direkten kameradschaftlichen Zusammenwirken bei der Erfüllung ihrer Aufgaben und unterstützen ihre politische Bildungsarbeit.

Die höchsten Organe der Partei

23. Das ständige höchste Organ der Partei ist der Parteitag. Er ist beschlußfähig, wenn mehr als die Hälfte der Delegierten anwesend ist.

Die Delegierten behalten bis zur Neuwahl ihr Mandat.

Die delegierende Mitgliederversammlung oder Delegiertenkonferenz kann zwischenzeitlich das Mandat entziehen, wenn dafür schwerwiegende Gründe vorliegen.

Können Delegierte wegen Ausscheidens aus der Parteiorganisation, von der sie ihr Mandat erhielten, wegen Beendigung der Mitgliedschaft oder Entziehung ihres Mandats ihr Mandat nicht mehr wahrnehmen, kann die delegierende Parteiorganisation einem anderen Parteimitglied das Mandat durch geheime Wahl übertragen.

24. Der Parteitag beschließt Programm und Statut der Partei, legt Grundlinien der Parteipolitik fest, behandelt Fragen der Parteiarbeit und faßt dazu Beschlüsse. Er nimmt die Berichte des Parteivorstandes und der Schiedskommission zur Diskussion und Beschlußfassung entgegen. Er bezieht Stellung zur Arbeit der Fraktion der Partei in der obersten Volksvertretung. Der Parteitag gibt sich eine Geschäftsordnung.
    Er wählt in geheimer Wahl die/den Parteivorsitzende/n, den Parteivorstand und die Schiedskommission. Die/der Parteivorsitzende ist gewählt, wenn sie/er zwei Drittel der Stimmen der Delegierten des Parteitages auf sich vereint.

25. Der Schlüssel für die Wahl der Delegierten zum Parteitag wird vom Parteivorstand festgelegt.
    Die Parteitagsdelegierten werden auf Kreisdelegiertenkonferenzen gewählt. Jede Kreisorganisation muß mit mindestens einem Delegierten vertreten sein.
    Basisorganisationen, deren Mitgliederzahl dem Delegiertenschlüssel entspricht, wählen ihre Delegierten zum Parteitag direkt.

26. Der Parteivorstand unterbreitet Thesen zum Parteitag, die Grundlage der Parteidiskussion zur Vorbereitung des Parteitages sind.

Spätestens zehn Tage vor seiner Eröffnung müssen die wichtigsten, zur Beschlußfassung vorgesehenen Materialien in der Parteipresse oder durch andere geeignete Publikationsformen veröffentlicht sein.

27. Die Einberufung des Parteitages erfolgt mindestens acht Wochen vor dem Tagungstermin durch den Parteivorstand.

Fordert wenigstens ein Viertel der Mitgliedschaft die Durchführung eines Parteitages, so muß der Parteivorstand dem durch die Einberufung des Parteitages in einer Frist von acht Wochen seit dem Zeitpunkt der Übergabe der Unterschriften entsprechen. Erfolgt dies nicht, haben die Organisationen, die die Einberufung des Parteitages verlangen, das Recht, ein Organisationskomitee zu bilden, dem die Rechte des Parteivorstandes zur Einberufung des Parteitages zufallen.

28. Der Parteivorstand
   a) ist Organ des Parteitages und wird durch den Parteivorsitzenden einberufen;
   b) tagt mindestens einmal innerhalb von zwei Monaten;
   c) wählt die Stellvertreter der/des Parteivorsitzenden, die Leiter/innen der Kommissionen und den Schatzmeister der Partei. Die/der Parteivorsitzende, ihre/seine Stellvertreter, die Leiter/innen der Kommissionen, der Schatzmeister, die/der Fraktionsvorsitzende der Partei in der obersten

Volksvertretung und weitere gewählte Mitglieder bilden das Präsidium.

d) ist berechtigt, zur Verwirklichung der Beschlüsse des Parteitages und zur Lösung aktuell-politischer Aufgaben Beschlüsse mit Stimmenmehrheit zu fassen.
Zu ihrer Durchführung kann das Präsidium des Parteivorstandes Beschlüsse fassen. Es ist verpflichtet, auf Sitzungen des Parteivorstandes Tätigkeitsberichte zu geben.

e) arbeitet mit Kommissionen, die vorwiegend aus ehrenamtlichen Mitgliedern bestehen;

f) bestätigt gewählte oder berufene Herausgeber/innen, Chefredakteure/innen von Publikationsorganen der Partei und Leiter/innen von Parteiverlagen;

g) leitet und kontrolliert die Einrichtungen der Partei, verteilt die Mittel der Partei und verwaltet die zentrale Parteikasse bei jährlicher Offenlegung der Verwendung der Finanzen.

29. Tagungen des Parteivorstandes müssen außerplanmäßig einberufen werden, wenn dies ein Viertel der Mitglieder des Parteivorstandes oder der Bezirks-/ Landes- und Kreisvorstände fordert.

30. Die/der Parteivorsitzende vertritt die Partei. Sie/er leitet und koordiniert die Arbeit des Parteivorstandes und des Präsidiums. Sie/er ist dem Parteitag und dem Parteivorstand rechenschaftspflichtig.

Der Parteivorstand kann der/dem Parteivorsitzenden mit absoluter Mehrheit das Mißtrauen aussprechen. Im entsprechenden Fall wird der Parteitag einberufen.

31. Die vom Parteitag zu wählende Schiedskommission ist dem Parteitag rechenschaftspflichtig und berichtet ihm über die Ergebnisse ihrer Arbeit.

Die Schiedskommission

a) wirkt für die Einhaltung des Statutes der Partei durch alle Parteimitglieder und untersucht Hinweise auf Verstöße gegen das Parteistatut;
b) prüft und entscheidet die Einsprüche gegen Beschlüsse, einschließlich der durch Basisorganisationen ausgesprochenen Ausschlüsse aus der Partei;
c) kontrolliert die ordnungsgemäße Einziehung und Verwendung der Parteifinanzen, die Nutzung des Parteieigentums sowie die Ergebnisse der Wirtschaftstätigkeit von Parteieinrichtungen;
d) überprüft die ordnungsgemäße Bearbeitung der Eingaben, Vorschläge und Kritiken an den Vorstand und sein Präsidium. Sie ist verpflichtet, diese Gremien über festgestellte Mißstände zu informieren und Veränderungen zu fordern.

Die Schiedskommission wählt ihre/n Vorsitzende/n und ihren/seinen Stellvertreter.

Mitglieder der Schiedskommission dürfen nicht Mitglieder gewählter Parteivorstände der gleichen

Ebene sein. Die/der Vorsitzende der Schiedskommission und ihr/sein Stellvertreter nehmen mit beratender Stimme an den Tagungen des Parteivorstandes teil. Die/der Vorsitzende der Schiedskommission oder ihr/sein Stellvertreter hat das Recht, an den Sitzungen des Präsidiums teilzunehmen.

32. Die Rechte und Pflichten der vom Parteitag gewählten Schiedskommission treffen analog für die Schiedskommissionen auf Basis-, Kreis- und Bezirks-/Landesebene zu.
    Die Entscheidungen der Schiedskommissionen sind gemeinsam mit den jeweils zuständigen Vorständen zu verwirklichen.
33. Wahlfunktionen in der Partei dürfen nicht länger als 10 Jahre hintereinander auf der gleichen Ebene ausgeübt werden.
34. Die bei und in Vorständen hauptamtlich tätigen Parteimitglieder sind in Basisorganisationen außerhalb ihrer Leitungsgremien organisiert.
35. Alle zwei Jahre finden auf allen Ebenen bis zum Parteitag geheime Wahlen statt, die mit Rechenschaftslegungen der Parteivorstände und Schiedskommissionen verbunden sind.
    Entsprechend den territorialen Gegebenheiten können auf Kreis- und Bezirks-/Landesebene notwendige eigene Regelungen getroffen werden.
    Dem Grundsatz der Gleichberechtigung folgend, ist in allen gewählten Organen der Partei die anteilige

Vertretung der Geschlechter entsprechend der jeweiligen Zusammensetzung der Mitgliedschaft anzustreben.
Für die Vorbereitung und Durchführung der Parteiwahlen beschließt der Parteivorstand eine Wahlordnung.

36. Zur Sicherung ihrer Arbeitsfähigkeit können die Vorstände und Schiedskommissionen zwischen den Parteitagen bzw. Delegiertenkonferenzen gewählte Delegierte der entsprechenden Ebene durch Mehrheitsbeschluß in das jeweilige Gremium in geheimer Wahl nachwählen.

III.
Die/der Ehrenvorsitzende der Partei

37. Der Parteitag kann in direkter offener Wahl mit einer Zweidrittelmehrheit eine/n Ehrenvorsitzende/n der Partei wählen.
Sie/er ist nicht Mitglied des Parteivorstandes und des Präsidiums der Partei.
Die/der Ehrenvorsitzende hat das Recht, an allen Parteiveranstaltungen teilzunehmen und die/den Parteivorsitzende/n zu beraten.

IV.
Parteimitglieder in Volksvertretungen

38. Die Kandidaten der Partei für Wahlen zu den Volksvertretungen aller Ebenen werden auf der Grundlage des Wahlgesetzes der DDR auf den Gesamtmitgliederversammlungen und Delegiertenkonferenzen der jeweiligen Ebene bzw. dem Parteitag nominiert.
Durch die Vorstände und ihre Präsidien sind die Wahlvorschläge rechtzeitig bei den Wahlkommissionen einzureichen. Sie unterstützen ihre Kandidaten beim Erringen eines Abgeordnetenmandats.

39. a) Fraktionen und Abgeordnete mit dem Mandat der PDS wirken in den Volksvertretungen selbständig im Sinne des Parteiprogramms und anderer programmatischer Parteidokumente, die vom höchsten Parteiorgan der jeweiligen Ebene beschlossen wurden.
b) Mitglieder der Fraktionen der Partei nehmen am Parteitag bzw. den Delegiertenkonferenzen teil und können auf Antrag an Tagungen des Vorstandes der jeweiligen Ebene teilnehmen.

V.
Das Eigentum, die materiellen und finanziellen Mittel der Partei

40. Das Eigentum der Partei wird durch die Parteivorstände gemäß ihrem Verfügungsrecht verwaltet. Das Verfügungsrecht der Basisorganisationen, Kreis- und Bezirks-/Landesvorstände ist durch Beschlüsse des Parteivorstandes zu regeln.
41. Die finanziellen Mittel der Partei werden gebildet aus den Mitgliedsbeiträgen, aus Erträgen der Betriebe und Einrichtungen der Partei und Einnahmen aus Leistungen der Betriebe und Einrichtungen der Partei, aus gesetzlich geregelten Zuwendungen sowie aus Spenden und sonstigen Einnahmen der Organisationsarbeit. Der Parteivorstand entscheidet über die Verteilung der Finanzmittel in der Partei.
42. Die Mitglieder der Partei entrichten die Mitgliedsbeiträge als Ausdruck ihrer Verbundenheit zur Partei und entsprechend ihrem Einkommen und ihrer sozialen Lage. Das Mitglied berechnet seinen Beitrag selbständig auf der Grundlage der monatlichen Nettogrundvergütung.
    Vergütungen und Zuschläge für Überstunden, Sonntags-, Feiertags- und Nachtarbeit, Schichtzuschläge und -prämien, Erschwerniszuschläge, Geldleistungen der Sozialversicherung und staatliches Kindergeld sowie Prämien, einschließlich Jahresend-

sowie Treueprämien und zusätzliche Belohnungen werden bei der Berechnung nicht berücksichtigt. Der Mindestbeitrag richtet sich nach der Richtlinie, die der Parteivorstand beschließt. Die Mitgliedsbeiträge sind nicht rückzahlbar.

43. Bei der Aufnahme ist ein Beitrag von 10,00 M zu entrichten.

44. Für die organisationstechnische Abwicklung der Beitragskassierung und den Beitragsrücklauf beschließt der Parteivorstand eine Beitragsrichtlinie.

45. Die gewählten Vorstände haben vor dem Parteitag, den Delegiertenkonferenzen bzw. den Mitgliederversammlungen über die Einnahmen und deren Verwendung sowie über die Verwaltung des Parteieigentums Rechenschaft zu legen.